Inhalt

Unternehmensberater - Wetteifer um Beratungsmandate im Marketing

Kernthesen

Beitrag

Fallbeispiele

Zahlen und Fakten

Weiterführende Literatur

Impressum

Unternehmensberater - Wetteifer um Beratungsmandate im Marketing

Anja Schneider

Kernthesen

- Der Umsatz in der Unternehmensberatungsbranche ist 2012 um acht Prozent auf 22,3 Milliarden Euro gestiegen.
- Für 2013 erwarten die Consultants ein Umsatzplus von knapp sieben Prozent.
- Branchenmäßig soll das Wachstum vor allem aus dem Maschinen- und Anlagenbau sowie aus der Finanzdienstleistung kommen.
- Der Wettkampf zwischen

Unternehmensberatungen und Agenturen um Beratungsmandate im Marketing wird härter.

Beitrag

Branchenumsatz: Beachtliches Wachstum trotz Wirtschaftsflaute

Der Gesamtumsatz der deutschen Unternehmensberater legte nach Angaben des Bundesverbands Deutscher Unternehmensberater (BDU) von 2011 auf 2012 um acht Prozent zu und erreichte 22,3 Milliarden Euro. Im Vorjahr hatte die Branche erstmals die 20-Milliarden-Schwelle geknackt. Der Bereich der klassischen Managementberatung, also ohne IT-Beratung, legte laut BDU um zehn Prozent zu und erzielte ein Umsatzvolumen von 17,6 Milliarden Euro. Der weltweite Beratungsmarkt erreichte Schätzungen zufolge 2012 einen Umsatz von 200 Milliarden Dollar.

Für 2013 rechnen die Unternehmensberater mit einem Umsatzplus von knapp sieben Prozent. Wachstumstreiber sollen erstens der zunehmende Beratungsbedarf bei den deutschen Maschinen- und Anlagenbauern und zweitens bei den

Finanzinstituten ausgelöst durch die Finanzkrise. Umsatzbringer sollen drittens die zukünftigen Wachstumsfelder der Kunden generell und viertens die Themen Prozessoptimierung und Beschaffung im Geschäftsfeld Organisationsberatung sein. (1), (2), (3), (4)

Ranking: Top 3 unverändert - McKinsey vor Boston Consulting und Roland Berger

Im Jahr 2012 arbeiteten in Deutschland mehr als 95 000 Unternehmensberater (plus 4,3 Prozent) in knapp 15 000 Beratungsfirmen. Lünendonk GmbH, Kaufbeuren, hat daraus wieder die 25 umsatzstärksten deutschen Beratungsgesellschaften ermittelt. Ein Kriterium dabei ist, dass sie mindestens 60 Prozent ihres Umsatzes mit klassischer Managementberatung erwirtschaften. An der Spitze des Rankings zeigt sich keine Veränderung. Auf Rang eins liegt unverändert der Marktführer McKinsey mit einem geschätzten Umsatz von über 600 Millionen Euro. Auf Platz zwei rangiert Boston Consulting mit etwa 490 Millionen Euro. Roland Berger verteidigt den dritten Platz mit 445 Millionen Euro. Es folgen KPMG, PwC und Accenture. Aufsteiger Oliver Wyman konnte den vierten Platz aus den beiden

Vorjahren nicht halten, liegt jetzt auf siebter Position. Insgesamt repräsentieren die Top 25-Beratungsunternehmen fast ein Drittel des Gesamtmarktes und stehen für 5,6 Milliarden Euro Umsatz. Alle konnten im vergangenen Jahr wachsen - trotz Wirtschaftsflauten und Finanzkrisen. (1), (2), [Abb. 1]

Personal: Aufbau geplant

Insgesamt waren rund 117 000 Mitarbeiter in der Consultingbranche in Deutschland beschäftigt. Die großen, aber auch die mittleren Consulting-Firmen planen für das Jahr 2013 zusätzliches Personal einzustellen. Bei Branchenführer McKinsey arbeiten etwa 1 300 Berater, im laufenden Jahr werden etwa 230 Berater neu eingestellt. Wichtig sind ausgeprägte mathematisch-analytische Fähigkeiten, hohe Ansprüche an sich selbst, gesucht werden Generalisten, Branchenspezialisierung erfolgt im Laufe der Karriere, einen wirtschaftswissenschaftlichen Hintergrund haben nur ungefähr die Hälfte, promovieren können die Berater während ihrer Tätigkeit bei McKinsey in einem Fellowship-Programm. Auch Boston Consulting Group will Personal aufbauen; bis Jahresende sollen rund 200 neue Consultants angeheuert sein. (4), (5), (6)

Akquise: Consulter und Agenturen im Wettbewerb um Marketingaufträge

Beratungsaufträge sind längst keine Selbstläufer mehr. Für die Beraterzunft gehört die Akquisearbeit zum Tagesgeschäft. Sie wittert dabei immer mehr Geschäftschancen in der Marketingberatung und wildert zunehmend im angestammten Revier der Kreativ- und Mediaagenturen. Im Visier hat sie vor allem die Automobilbranche, den Handel und die Finanzbranche. Die Zahlenexpertise und Rechenkünste der berüchtigten Kostencutter sind angesichts von strengen Werbewirkungsanalysen, Datenflut (Social Media, Big Data, Mobile) und Spardruck der Einkäufer (Honorarmodelle, Einkaufsmodelle) gefragt. Strategieberater wie McKinsey, Boston Consulting, Roland Berger und andere stellen Marketingexperten ein und bieten Unternehmen Unterstützung im Marketing an. Dies bestätigt eine aktuelle Umfrage von Facit Research. Umgekehrt drängen die Kreativen in das Geschäft der Unternehmensberatungen. Zwei Drittel der befragten Marketingentscheider und Geschäftsführer haben laut Befragung die Erfahrung gemacht, dass Consulter ihnen Marketingdienstleistungen und/oder Kreativleistungen anbieten, die normalerweise zu den

Aufgaben von Werbeagenturen gehören. Die Marktforscher Lünendonk und der BDU bestätigen, dass der Umsatz der Unternehmensberatungen im Bereich Marketing und Vertrieb in den letzten Jahren ansteigt. (7), (8)

Trends

Business- und IT-Consulting wachsen zusammen

Die Digitalisierung der Wirtschaft treibt ein zunehmendes Zusammenwachsen von Strategieconsulting, IT-Consulting und Marketingconsulting an. Laut Marktforscher Lünendonk haben die Managementberatungen 2011 im Durchschnitt 8,1 Prozent ihres Umsatzes mit IT-Beratung gemacht. Hype-Themen sind derzeit Cloud-Computing, Social Media und die Analyse riesiger Datenmengen, Big Data genannt. (9)

Globale Beratungsexpertise gefragt

Boston Consulting Group registriert einen Trend zu

großen und umfassenden Beratungsaufträgen, bei denen der Kunde von seinem Berater internationale Expertise einfordert. (10), (11)

Wirtschaftsprüfer bauen Consultinggeschäft wieder auf

Wirtschaftsprüfungen erachten die Wachstumsmöglichkeiten im angestammten Prüfgeschäft als wenig aussichtsreich und streben daher nach Ausweitung im Geschäftsfeld Unternehmensberatung. Dies beweisen die jüngsten Übernahmen und die laufenden Übernahmegerüchte. Zu den großen Wirtschaftsprüfungen weltweit zählen PwC (weltweit Nr. 1), Deloitte (weltweit Nr. 2), KPMG und Ernst & Young. (3)

Inhouse Consulting Abteilungen bei Großunternehmen und jetzt auch im Mittelstand

Inhouse Consulting Abteilungen haben die DAX-Konzerne und großen Unternehmen längst aufgebaut. Doch mittlerweile setzen auch immer mehr Mittelständler auf explizite Beratungskompetenz im eigenen Haus.

Unternehmensberatungen bieten inzwischen sogar schon Aus- und Weiterbildungen zum Inhouse Consultant an. Zu beobachten ist, dass interne Berater und externe Berater an großen Projekten Hand-in-Hand arbeiten. In Deutschland gibt es rund 150 Inhouse-Beratungen; die größte ist Siemens Management Consulting. (12), (13)

Fallbeispiele

Accenture rüstet sich für Marketingoffensive

Accenture geht ganz offensiv in den Wettbewerb mit Agenturen und Digitalagenturen um Aufträge aus dem Marketing. Gerüstet mit unbestrittener IT-Expertise wollen die Unternehmensberater den Kunden Leistungen in Data Management, Marketing Analytik, Digital Marketing und Social Media bieten und damit kräftig wachsen. Anfang des Jahres hat Accenture dazu seine Bereiche Marketing sowie Sales & Customer Services neu aufgestellt. (14)

Roland Berger prüft Verkauf des Unternehmens

Die Würfel, ob die deutsche Unternehmensberatung Roland Berger (gegründet 1967, zuletzt 420 Millionen Euro Jahresumsatz, 2 700 Mitarbeiter in 51 Büros in 36 Ländern) auch künftig selbständig bleiben oder unter das Dach einer Wirtschaftsprüfungsgesellschaft - nun doch Deloitte? Oder Ernst & Young oder PwC? - schlüpfen wird, werden in Kürze fallen. Denn die Partner haben gelernt, dass sich die globale Schlagkraft der Beratung wohl nur auf diesem Wege erzeugen lässt. Die Wettbewerber McKinsey und Boston Consulting Group haben die Nase vorn, obwohl Gründer Roland Berger 2011 viel Geld investiert hat, um die Internationalisierung aus eigener Kraft voranzubringen. Die Geschäftsentwicklung in Europa ist nicht zufriedenstellend (Ausnahme Frankreich). Anfang Mai trat auch noch der Vorstandsvorsitzende Martin Wittig aus gesundheitlichen Gründen zurück. (15), (16)

BCG ringt um Wachstum in Deutschland

Boston Consulting ist die weltweit zweitgrößte Unternehmensberatung. Der Umsatz in Deutschland und Österreich stagnierte in 2012 bei rund 490 Millionen Euro. Erklärt wird das mit der Eurokrise. Deutschland ist in der BCG-Gruppe der zweitwichtigste Einzelmarkt nach Amerika. Seit Jahresbeginn ziehe das Geschäft aber wieder an. International stiegen die Erlöse 2012 um neun Prozent auf 3,7 Milliarden US-Dollar. (17), (18)

Booz & Company plant deutsche Übernahme, um Industrieexpertise zu stärken

Die internationale Unternehmensberatung Booz & Company will das deutsche Beratungshaus Management Engineers übernehmen, das darauf spezialisiert ist, Umsetzungsprozesse in Unternehmen zu begleiten. Booz ist eine klassische Strategieberatung, erwirtschaftete zuletzt mit 3 200 Mitarbeitern rund 1,3 Milliarden Dollar Umsatz. Management Engineers beschäftigt 145 Mitarbeiter, erwirtschaftete zuletzt rund 85 Millionen Euro Umsatz und zeichnet sich durch viele Berater mit Industrieexpertise aus. Zusammen mit Management Engineers würde Booz im Ranking von Platz sieben auf Platz vier aufsteigen. (19)

Zahlen & Fakten

Abbildung 1: Top 10 Managementberatungs-Unternehmen in Deutschland

Top 10 Managementberatungsunternehmen in Deutschland

Umsatz in Deutschland, 2012, in Millionen Euro

1	McKinsey & Company, Düsseldorf	über 600
2	The Boston Consulting Group, München/Düsseldorf	490
3	Roland Berger Strategy Consultant, München	403
4	KPMG AG, Berlin	403
5	PricewaterhouseCoopers, Frankfurt	315
6	Accenture, Kronberg	296
7	Oliver Wyman Group, München	280
8	Deloitte Consulting, Düsseldorf	275
9	Booz & Company, Düsseldorf	262
10	Bain & Company, Düsseldorf	256

Quelle: Lünendonk Entnommen aus: Lebensmittel Zeitung, Nr. 21, vom 24.05.2013, S. 40 (2)

Weiterführende Literatur

(1) BERATERMARKT WÄCHST UM 8,0 PROZENT - Unternehmensberater gefragt: Neue Strategien sollen zu weiteren Exporterfolgen führen
aus wirtschaft&weiterbildung, Vol. 25, Heft 04/2013, S. 9

(2) Managerberater im Plus
aus Lebensmittel Zeitung 21 vom 24.05.2013 Seite 040

(3) Wirtschaftsprüfer müssen mehr ber aten
aus Handelsblatt Nr. 086 vom 06.05.2013 Seite 016

(4) BDU-Studie Facts & Figures zum Beratermarkt 2012/2013. Fusionskarussell: In der Consultingbranche werden die Karten neu gemischt
aus Handelsblatt Nr. 086 vom 06.05.2013 Seite 016

(5) UNTERNEHMENSBERATUNG - BDU prognostiziert 2013 erneutes Umsatzplus
aus wirtschaft&weiterbildung, Vol. 25, Heft 05/2013, S. 8

(6) Fritz: "Nur die Hälfte hat einen wirtschaftswissenschaftlichen Hintergrund"

aus www.powernews.org Meldung vom 11.03.2013 - 14:56

(7) Die Berater kommen
aus Horizont 08 vom 21.02.2013 Seite 016

(8) Berater drängen nach vorn
aus Horizont 08 vom 21.02.2013 Seite 001

(9) Wegbereiter der digitalen Revolution
aus Handelsblatt Nr. 070 vom 11.04.2013 Seite 044

(10) Boston Consulting von Schuldenkrise getroffen
Umsatz stagniert 2012 - Dynamischer Auftakt im laufenden Jahr - Keine Abstriche am Preis
aus Börsen-Zeitung, 12.03.2013, Nummer 49, Seite 9

(11) "Die deutschen Firmen sind gut gerüstet"
aus Handelsblatt Nr. 036 vom 20.02.2013 Seite 020

(12) Wertvolle Dienstleister für Firmen
aus ChannelPartner.de, Meldung vom 20.02.2013

(13) Wenn Konzerne auch beraten
aus Handelsblatt Nr. 070 vom 11.04.2013 Seite 040

(14) „Wir forcieren diese Themen"
aus Horizont 18 vom 02.05.2013 Seite 016

(15) Martin Wittig muss bei Roland Berger zurücktreten
aus Frankfurter Allgemeine Zeitung, 06.05.2013, Nr. 104, S. 24

(16) Roland Berger prüft Verkauf

aus WirtschaftsWoche online vom 2013-05-06

(17) BCG tritt auf der Stelle
aus Frankfurter Allgemeine Zeitung, 12.03.2013, Nr. 60, S. 12

(18) Boston Consulting wächst global, stagniert in Deutschland
aus Handelsblatt Nr. 050 vom 12.03.2013 Seite 023

(19) Beraten und gekauft
aus Handelsblatt Nr. 035 vom 19.02.2013 Seite 019

Impressum

Unternehmensberater - Wetteifer um Beratungsmandate im Marketing

Bibliografische Information der deutschen Nationalbibliothek

Die Deutsche Nationalbibliothek verzeichnet diese Publikation in der deutschen Nationalbibliografie; detaillierte bibliografische Daten sind im Internet über http://dnb.d-nb.de abrufbar.

ISBN: 978-3-7379-2572-3

© 2015 GBI-Genios Deutsche Wirtschaftsdatenbank GmbH, Freischützstraße 96, 81927 München, www.genios.de

Alle Rechte vorbehalten. Dieses Werk ist einschließlich aller seiner Teile – z.B. Texte, Tabellen und Grafiken - urheberrechtlich geschützt. Jede Verwertung außerhalb der Grenzen des Urheberrechtsgesetzes bedarf der vorherigen Zustimmung des Verlags. Dies gilt insbesondere auch für auszugsweise Nachdrucke, fotomechanische

Vervielfältigungen (Fotokopie/Mikroskopie), Übersetzungen, Auswertungen durch Datenbanken oder ähnliche Einrichtungen und die Einspeicherung und Verarbeitung in elektronischen Systemen.